BEI GRIN MACHT SICH IHR WISSEN BEZAHLT

AF173351

- Wir veröffentlichen Ihre Hausarbeit,
  Bachelor- und Masterarbeit

- Ihr eigenes eBook und Buch -
  weltweit in allen wichtigen Shops

- Verdienen Sie an jedem Verkauf

Jetzt bei www.GRIN.com hochladen und kostenlos publizieren

Julia Esau

Platon: Gorgias 494c - 506c

GRIN Verlag

Bibliografische Information der Deutschen Nationalbibliothek:

Die Deutsche Bibliothek verzeichnet diese Publikation in der Deutschen National-
bibliografie; detaillierte bibliografische Daten sind im Internet über http://dnb.d-
nb.de/ abrufbar.

Impressum:

Copyright © 2012 GRIN Verlag GmbH
Druck und Bindung: Books on Demand GmbH, Norderstedt Germany
ISBN: 978-3-656-25183-5

Dieses Buch bei GRIN:

http://www.grin.com/de/e-book/198682/platon-gorgias-494c-506c

GRIN - Your knowledge has value

Der GRIN Verlag publiziert seit 1998 wissenschaftliche Arbeiten von Studenten, Hochschullehrern und anderen Akademikern als eBook und gedrucktes Buch. Die Verlagswebsite www.grin.com ist die ideale Plattform zur Veröffentlichung von Hausarbeiten, Abschlussarbeiten, wissenschaftlichen Aufsätzen, Dissertationen und Fachbüchern.

Besuchen Sie uns im Internet:

http://www.grin.com/

http://www.facebook.com/grincom

http://www.twitter.com/grin_com

Eberhard Karls Universität Tübingen

Seminar für Allgemeine Rhetorik

Sommersemester 2012

Proseminar „Platonische Dialoge zur Rhetorik"

Platon: Gorgias 494c – 506c

B.A. Allgemeine Rhetorik / Evangelische Theologie, 6 / 1

Tübingen, 01. August 2012

Inhaltsverzeichnis

I. Einleitung

Als Gorgias (ca. 480 - 380 v. Chr.), ein sophistischer Redelehrer, „die Athener mit seinen Reden in Staunen versetzt" und ein starkes Interesse an der Rhetorik in Griechenland entsteht, ist es für Platon (427 - 347 v. Chr.) fast schon obligatorisch, dazu eine Meinung zu entwickeln und diese auch zu äußern.[1] Hierfür schreibt er mehrere Dialoge, wie *Gorgias* und *Phaidros*, in denen er „Fragen zur Rolle und Theorie der Rhetorik"[2] aufwirft.

In Platons Dialog *Gorgias* wird starke Kritik an der Sophistik und im gleichen Zug auch an der Rhetorik geübt, jedoch „skizziert [er] gegen Ende des *Phaidros*" eine Art reformiere Rhetorik, die der Ausgangspunkt für Aristoteles Überlegungen über die Rhetorik wird.[3]

Allgemein lässt sich *Gorgias* in die literarische Form eines dramatischen Dialogs Platons eingliedern, da nur das „reine Redegeschehen" im Text enthalten ist, jedoch keine Einleitung, in der die sprechenden Personen bzw. Figuren und das Setting erläutert werden.[4]

II. Setting

Das Setting wird als „kommunikativen Rahmenbedingungen […], die für rhetorisches Handeln bedeutsam sind"[5] definiert.

In *Gorgias* bekommt man zwar „keine direkten Hinweise auf den Ort der Handlung, auf das Verhalten der Personen […] und auf die Stimmung und Atmosphäre"[6], kann diese aber dem Text selber entnehmen.

Um zu erläutern, welche Figuren in diesem Dialog auftreten, ist es wichtig zu wissen, dass Platon „keine dokumentarisch-authentischen Gesprächsprotokolle, sondern literarisch-künstlerische Texte" schreibt und so die „historischen Personen nicht als ihre getreuen Abbilder ein[gehen], sondern als Figuren der Texte, die der Autor nach seinen eigenen Intentionen charakterisiert."[7] Die wichtigsten Figuren sind Gorgias, Polos, Kallikles und natürlich Sokrates.

---

[1] Knape: Allgemeine Rhetorik. S. 27.
[2] Ebd. S 27.
[3] Ebd. S. 28.
[4] Dalfen: Platon Werke. S. 107.
[5] Knape: Was ist Rhetorik? S. 87.
[6] Dalfen. S. 107.
[7] Ebd. S. 124f.

Der Sizilianer Gorgias war ein berühmter und gefeierter Redner und „einer der Väter der Sophistik"[8]. Historisch soll Gorgias „sehr geistreich und schlagfertig"[9] gewesen sein, jedoch gibt Platon der Figur des Gorgias im Dialog „den Scharfsinn und die Schlagfertigkeit"[10] nicht.

Polos war historisch und als Figur im Dialog ein Schüler des Gorgias, der von Platon als „ein hitziger junger Mann" dargestellt wird, der „impulsiv und emotional" handelt.[11] Er benimmt sich „sehr brav und fügsam" und stellt den kleinen Mann dar, „der voll Bewunderung und Neid auf den Mächtigen und sein Glück schaut"[12].

Kallikles wird historisch oft angezweifelt, da es außerhalb Platons Dialoge „keine literarischen Zeugnisse für seine Existenz"[13] zu geben scheint. In *Gorgias* hat Kallikles die Rolle des politisch engagierten und wohlhabenden Gastgebers, in dessen Haus Gorgias „seinen Vortrag mit anschließender Fragestunde" hält.[14] Auch wird er als praktische denkende Figur dargestellt; die den Reichen von Natur gegeben Macht sieht als gerecht an, die durch die Rhetorik gesichert werden kann, und die Befriedigung der eigenen Wünsche haben für ihn Priorität.[15]

Platons Lehrer Sokrates stellt die zentrale Figur in seinen Dialogen dar, auch in *Gorgias*. Die Figur Sokrates hat das Ziel, „mit seinen Gesprächspartnern zu einer Übereinstimmung zu kommen"[16], wofür er seine Dialektik gebraucht. Sokrates diskutiert zuerst mit Gorgias, dann mit Polos und Kallikles. In *Gorgias* ist der Tonfall recht scharf, da Sokrates seine Gesprächspartner abwertend und grob behandelt. Er gibt vor, die Wahrheit suchen zu wollen und noch kein Wissen zu haben, jedoch täuscht er seine Rolle des „ironischen Nichtwissers"[17] nur vor.

---

[8] Ebd. S. 125.
[9] Ebd. S. 126.
[10] Ebd. S. 129.
[11] Ebd. S. 131.
[12] Ebd. S. 131.
[13] Ebd. S. 132.
[14] Ebd. S. 132f.
[15] Ebd. S.136f.
[16] Ebd. S. 139.
[17] Ebd. S. 140.

III. Fragestellung

In den Stephanus-Paginierungen 494c bis 506c werden folgende
Fragestellungen diskutiert:
Wie ist das Verhältnis vom Angenehmen und Guten – sind sie identisch oder
gegensätzlich?
Was ist das Ziel aller Handlungen?
Welche Einwirkungen hat die Lust auf die Seele?
Wie sieht die Ordnung der Seele aus?

IV. Diskussionsverlauf

Nachdem Sokrates mit Polos darüber diskutiert, ob Unrecht tun oder Unrecht
leiden besser sei, mischt sich Kallikles in das Gespräch ein. Er wirft die
Nomos-Physis-Antithese ein, die Natur und Gesetz als gegensätzlich erkennt.
Somit soll der Bessere auch von Natur aus mehr haben. Er verspottet Sokrates
wegen seiner Liebe zur Philosophie. Sokrates lässt sich nicht provozieren,
sondern will Kallikles als Prüfstein der Wahrheit für seine Seele verwenden,
damit sie auf *episteme* (Einsicht), *eunoia* (Wohlwollen) und *parrhesia*
(Freimütigkeit) geprüft wird. Kallikles vertritt die Meinung, dass die Besseren
über die Schlechteren herrschen und auch mehr Besitz haben sollten. Sokrates
vergleicht diese unersättliche Lust mit einem lecken Fass, das nie voll wird und
der Besitzer deshalb nie Glück und Frieden finden kann. Für Kallikles wäre ein
Leben ohne Lust wie das eines Steins oder Toten. Denn die Begierden seien
gut und die wahre Glückseligkeit (*eudamonie*) kann nur durch Befriedigung der
Lust (*hedone*) erreicht werden. Hier entbrennt die Diskussion über das
Verhältnis des Angenehmen zum Guten (*agaton*). Kallikles behauptet, dass
beide identisch seien, woraus Sokrates schlussfolgert, dass wenn jemand
angenehm lebt, er auch glückselig sein müsste[18]. Sokrates setzt körperliches
Wohlbefinden mit seelischer Glückseligkeit gleich, um Kallikles zu der Aussage
zu bewegen, dass es nichts Angenehmes gibt, das nicht gut ist. Durch eine
Frage bewirkt Sokrates ein Themenwechsel: nur mit Erkenntnis könne man das
Gute bewirken. Kallikles gebraucht für Tapferkeit und Erkenntnis verschiedene
Begriffe, für ihn sind sie also nicht gleichzusetzen. Er meint mit Erkenntnis das

---

[18] Platon: Gorgias. 494d.

3

phronimos, also „die praktische Klugheit […], die zum richtigen Tun und Verhalten anleitet. Sokrates unterschiebt ihm jetzt das Wort *epistéme,* […] als Bezeichnung des theoretischen Wissens vom Guten und Schlechten"[19]. Auch die Lust ist von diesen Begriffen zu unterscheiden. Sokrates schlussfolgert, dass Kallikles meint, dass also die Erkenntnis vom Guten zu unterscheiden ist – dies hat er jedoch nie behauptet.[20] Sokrates geht fälschlicherweise im Weitern nicht von der Verschiedenheit der Begriffe, sondern von der Gegensätzlichkeit aus.[21] Er nimmt verschiedene Fälle, in denen man nur eine Extreme haben kann (Gesundheit oder Krankheit, Gutes und Böses etc.), es keinen Bereich dazwischen gibt und man auch nicht beides gleichzeitig haben kann. Um zu beweisen, dass also das Angenehme vom Guten verschieden ist, behauptet er, dass jedes Bedürfnis und Begehren schmerzlich ist, die Befriedigung hingegen angenehm.[22] Zum Beispiel ist Durst leiden schmerzlich (Unlust), trinken (wenn man durstig ist) ist Befriedigung (Lust). Also kann ein Unlusthabender gleichzeitig Lust empfinden. Sokrates stützt dieses Beispiel auf die eigene Behauptung, es gäbe keinen Übergangsbereich, jedoch könnte Kallikles entgegensetzen, dass derjenige der trinkt den Durst (Unlust) verliert, also doch nicht gleichzeitig Lust und Unlust hat – dies versäumt er. Sokrates beweist weiter, dass das Angenehme vom Guten verschieden ist, indem er folgert: „Lust haben ist also nicht gut leben, und Unlust haben nicht schlecht"[23], also wer Lust hat kann auch schlecht leben. Er öffnet hier zwei Bereiche: den sinnlichen und den moralischen. Er trennt also die sinnliche Lust/Unlust von den moralischen Werten gut/schlecht. Einen weiteren Beweis führt Sokrates herbei, indem er sagt, „das Gute und Böse hört nicht zugleich auf"[24], die Lust und Unlust jedoch schon. Die Diskussion wendet sich dem Beispiel Sokrates zu, in dem er einen Feigherzigen im Krieg beschreibt, der sich über den Abzug der Feinde genauso wie der Tapfere freut. Die Guten und Bösen haben also gleichviel Lust und Unlust. Doch wenn Gut die sind, die irgendeine Lust haben, wären alle gleich gut. Also könne das Gute und das Angenehme (Lust) nicht dasselbe sein.

---

[19] Dalfen. S. 382.
[20] Vgl. ebd. S. 383.
[21] Vgl. Platon. 495e4.
[22] Vgl. ebd. 496d.
[23] Platon. 497c.
[24] Ebd. 497d.

Kallikles gibt Sokrates ungeduldig zu verstehen, dass selbstverständlich einige Lust besser als andere sei, man also Qualitätsunterschiede machen kann.[25] Er hat durch die Unterscheidungen der Lust „akzeptiert, dass sie einem übergeordnetem Bewertungskriterium unterliegen"[26]. So kann Sokrates beweisen, dass Lust kein Handlungszweck ist, sondern „um des Guten willen also muß man alles Übrige und so auch das Angenehme tun"[27], das sinnliche wird also unter das sittliche gestellt.

Sokrates kommt zum Diskussionsthema, das er mit Polos und Gorgias schon hatte, zurück: die „Unterscheidung zwischen den wahren *technai* und ihren Fehlformen"[28]. Die Kochkunst sei nur Geschicklichkeit (*empeiria*), die Heilkunst hingegen sei eine *techné*, da sie Natur und Grund dessen, was sie tut, erforscht habe.[29] Die Kochkunst wolle nur Lust, ganz kunstlos und vernunftlos, herbeischaffen. Sokrates unterscheidet zwischen einer kunstmäßigen oder vernachlässigenden Beschäftigung mit der Seele: entweder trägt man Fürsorge für das Beste der Seele oder man ist nur auf Lust der Seele bedacht, unabhängig von Gut und Böse. Diese vernachlässigende Beschäftigung kann auch bei einer großen Menschenmenge Lust (Wohlgefallen) hervorrufen, ohne das Gute bewirken zu wollen.[30] Sokrates liefert anschließend Beispiele für schmeichlerische Beschäftigung: Flötenspiel, tragische Dichtkunst und Gesang. Diese seien auf die Lust ausgerichtet und somit Schmeicheleien. Sokrates nimmt die Redekunst als Überbegriff dieser Beispiele, da alles ohne Musik auch nur Redekunst sei. Sogar die Politiker in Athen würden in ihrer Rolle als „Redner immer in Beziehung auf das Beste"[31] reden, um sich bei den Bürgern einzuschmeicheln und daraus eigenen Nutzen zu ziehen. Kallikles gibt zu, dass es Redner gibt, die auf Gutes bedacht sind, und welche, die es nicht sind. Sokrates entgegnet, dass immer noch ein Teil Schmeichelei und Volksbearbeitung sei und nicht mal Kallikles einen Redner nennen kann, der nur auf das Gute bedacht ist.

---

[25] Dalfen. S. 397.
[26] Ebd. S. 398.
[27] Platon. 500a.
[28] Dalfen. S. 402.
[29] Vgl. Platon. 501a.
[30] Vgl. ebd. 500b.
[31] Ebd. 502e.

Sokrates führt im Folgenden die Ordnung und Gliederung der Seele und Folgerungen für den Redner aus. Ein „rechtschaffener Mann, der um des Besten willen" redet, hat „etwas Bestimmtes vor Augen"[32]. Rhetorisch ist dies das Zertum, also die innere Gewissheit oder das Anliegen, etwas auszudrücken bzw. das Telos.[33] Sokrates nimmt verschiedene Künstler und geht davon aus, dass sie sich bemühen, „das ganze Werk wohlgeordnet und ausgestattet mit Schönheit"[34] darzustellen. Ärzte und Turnmeister wollen „den Leib zu Ordnung und Anstand" bringen und ein Hauswesen ist dann vollkommen, wenn „Ordnung und Anstand anzutreffen" sind.[35] So muss auch die menschliche Seele zu Ordnung und Anstand geführt werden. „Die Ordnungen aber und Bildungsvorschriften für die Seele sind Recht und Gesetz, vermittels derer sie rechtlich werden und anständig, und das ist eben Gerechtigkeit und Besonnenheit."[36]

Hier kommt Sokrates zu einem zentralen Punkt für die Rhetorik: Er fordert, dass der rechtschaffene und kunstmäßige Redner die Rede, „die er der Seele anbringt"[37] und auch sein Handeln so einrichtet, dass es dazu führt, dass Gerechtigkeit, Besonnenheit und Tugend in die Seele der Mitbürger kommen.[38] Er erwartet also einen sittlich verantwortungsvoller Redner, den *vir bonus*. Für Plato ist dies der „wahre Politiker, der ein *technikós* ist"[39].

Sokrates argumentiert, dass Ärzte den Kranken auch nicht erlauben, alle Begierden (Hunger) zu befriedigen. Also muss die Seele, solange sie schlecht ist, zurückhalten und Begierden nicht befriedigt werden.[40] Für den Redner heißt dies also, dass das Richtige gesagt werden muss, nicht unbedingt das angenehme.

Diese starke Argumentation führt zum Aufgeben des Kallikles. Dieser will sich aus Gespräch ausschalten, da er sowieso nur Gorgias zuliebe mit Sokrates

---

[32] Ebd. 503d.
[33] Vgl. Knape: Was ist Rhetorik? S. 33.
[34] Platon. 503e.
[35] Ebd. 504a.
[36] Ebd. 504d.
[37] Im *Phaidros* nennt er das die Seelenlenkung, also die *psychagogia*.
[38] Ebd. 504d.
[39] Dalfen. S. 416.
[40] Vgl. Platon. 505ab.

diskutiert hatte.[41] Sokrates besteht auf einen Dialog, denn als Philosoph meint er, dass nur dadurch die Wahrheit erlangt werden kann. Er argumentiert, „es sei nicht recht, auch nur ein Märchen in der Mitte stecken zu lassen", damit das Gespräch „seinen Kopf bekomme".[42] Kallikles weigert sich jedoch, „weil er sich von seiner Lebensphilosophie nicht abbringen lassen will"[43]. Kallikles will Sokrates in einen Monolog oder ein Selbstgespräch zwingen, damit er verschont bleibe. Sokrates stimmt nur zu, damit ermittelt wird, „was wahr ist an der Sache"[44]. Jedoch betont er gleich, dass er die Wahrheit noch nicht wisse, sondern sie „gemeinschaftlich" mit den anderen suchen wolle.[45] Nun beginnt Sokrates alleine zu sprechen und fasst seine Ansichten zusammen.

V. Gesprächs-Management

Da Platons *Gorgias* ein Dialog ist, bietet es sich natürlich an, diesen auf die Gesprächs-Management zu untersuchen.
Wenn der Orator „sein Anliegen im und mit Hilfe des Gesprächs" vermitteln will, „ist der rhetorische Fall eingetreten"[46]. Der Orator muss nun „moderierend (lenkend) in den Gesprächsablauf hineinwirken, soweit es ihm Nutzen bringt.[47]
Auch Platon lässt im *Gorgias* seine Figuren im Gespräch verschiedene Managements verwenden. Diese sollen im Folgenden kurz aufgeführt werden:
Beziehungs-Management
Der Orator muss analysieren, welche Rolle er und sein Gesprächspartner im Gespräch haben. Das „Turn taking" und das „Zusammenspiel der Gesprächspartner"[48] spielen hier eine wichtige Rolle. Hieraus entstehen „im positiven Fall Interventionschancen oder im negativen Fall Interventionszwänge"[49].
Kallikles beleidigt Sokrates[50], er versucht dessen Image als *techné*-Beherrschender anzugreifen. Er bezeichnet ihn als Kind[51] und schlechten Gesprächspartner[52].
Sokrates will Kallikles durch Schmeichelei auf seine Seite ziehen[53], diese Schmeicheleien sind jedoch ironisch gemeint. Er gibt aber vor, dass er und

---

[41] Vgl. ebd. 505c.
[42] Ebd. 505d.
[43] Dalfen. S. 418.
[44] Platon. 505e.
[45] Ebd. 506a.
[46] Knape: Rhetorik im Gespräch. S. 32.
[47] Ebd. S. 32.
[48] Ebd. S. 33.
[49] Ebd. S. 34.
[50] Platon. 494d: „schlechte Kunstgriffe gebraucht".
[51] Ebd. 499b: „freust wie ein Kind".
[52] Ebd. 497c: „So frage denn deine Kleinigkeiten und Jämmerlichkeiten".

Kallikles die gleiche Meinung vertreten[54], im Gegensatz zu Gorgias und Polos, die durch Sokrates anscheinend verschüchtert wurden[55].

Image-Management

Das „Telos des Orators [müsste] sein, möglichst viele von seinen Partner als positiv bewertete Eigenschaften von diesen zugewiesen zu bekommen"[56] und damit das Gespräch positiv zu beeinflussen.

Kallikles betreibt ein schlechtes Image-Management, da er sich nicht als ebenbürtiger Gegner zeigt, sondern nur Gorgias zuliebe mit Sokrates diskutiert[57] und selbst als guter Redner irgendwann keine Worte mehr findet[58]. Am Ende will er sich ganz aus dem Gespräch zurückziehen.[59]

Sokrates stellt sich als der Betrogene dar, der vom Wohlwollen Kallikles abhängig ist.[60] Er baut sein Image auf, als wäre er offen für jeden Ausgang des Dialogs, da er die Wahrheit (noch) nicht kennen würde[61].

Rationalitäts-Management

Die Rationalität ist ein wichtiger Punkt im Gespräch, da „Menschen insbesondere auch mit Vernunftgründen (rationes) […] überzeugt werden können."[62]

Kallikles lässt sich von Sokrates zu unlogischen Zustimmungen verleiten, die eigentlich gegen seine Meinung sprechen, da er einerseits die von Sokrates verwendete Taktik, mehrdeutige Begriffe zu vermischen, nicht durchschaut[63], anderseits sich vor Sokrates durch einen Selbstwiderspruch nicht blamieren will[64].

Sokrates betont auf die im Gespräch mit Kallikles herrschende Vernunft[65], die nicht durch eine Verschüchterung Kallikles beeinträchtigt wird[66]. Auch die ruhige, nicht emotionale (überstürzte) Betrachtung der Dinge[67] führt für Sokrates zu einem vernunftgeprägten Gespräch.

Emotions-Management

Das „emotionale Tuning, also jene Einstimmung der Gesprächspartner" spielt im Gespräch eine wichtige Rolle. Der Orator will „eine emotionale Hin- oder Abneigung"[68] erzeugen, um das Gespräch zu lenken.

---

[53] Ebd. 497d: „lieber Freund".
[54] Ebd. 500d: „wir übereingekommen".
[55] Ebd. 494d: „habe ich auch den Polos und den Gorgias eingeschreckt und blöde gemacht."
[56] Knape. S. 35.
[57] Platon. 501c: „dem Gorgias zu Willen".
[58] Ebd. 503d: „Ich weiß nicht mehr, was ich sagen soll".
[59] Ebd. 505c: „Frage lieber einen anderen."
[60] Ebd. 499c: „daß ich absichtlich von dir würde hintergangen werden, da du mir ja wohlwillst".
[61] Ebd. 506a.
[62] Knape. S. 36.
[63] Platon. 495c: „Erkenntnis".
[64] Ebd. 495a: „Damit ich also meinen Satz nicht aufgebe, […] so sage ich […]".
[65] Ebd. 500c: „der nur ein wenig Vernunft hat".
[66] Ebd. 494d: „laß dich ja nicht einschrecken".
[67] Ebd. 503d: „Laß uns aber ganz gemach betrachtend zusehen".
[68] Knape. S. 39.

Kallikles ist anfangs noch sehr aufgebracht über Sokrates Argumente und seine Art zu Fragen, doch trotzdem antwortet er ihm. Am Ende hat er eine desinteressierte Haltung[69], die fast schon beleidigt über Sokrates Argumentationsfähigkeit wirkt und das Gespräch schnell beendet haben will[70]. Sokrates geht auf die beleidigende und abwehrende Haltung Kallikles nicht ein. Er schafft es ihn von einem aufbrausenden Monolog in einen fast kargen Dialog zu lenken.

Themen-Management

Die „Themensetzung und Themenkontrolle werden für den Orator zum erstrangigen Steuerungsinstrument"[71] (Themenlenkung) in einem Gespräch. Kallikles kritisiert zwar die Art, wie Sokrates diskutiert, nimmt jedoch dabei teil. Sein Themen-Management ist sehr schwach, da er seine Anliegen nicht durchsetzten kann, und die von Sokrates neu eingeworfenen Begriffe wie selbstverständlich aufnimmt und sich darauf einlässt, ohne diese zu hinterfragen. Auch überlässt er Sokrates irgendwann das Spielfeld[72], obwohl er die Chance hätte sein Anliegen vorzubringen.
Auch weiterhin bestimmt Sokrates durch Fragen die Themen. Er wirft neue Begriffe in das Gespräch[73] und lenkt so das Gespräch. Bei seiner monologischen Zusammenfassung, die ihm von Kallikles aufgezwungen wird, hat er die vollkommene Themenkontrolle.

Formulierungs-Management

Durch ein gelungenes Formulierungs-Management schafft es der Orator nicht nur „seine eigenen Formulierungen zu kontrollieren […], sondern auch den Gruppenstil zu beeinflussen."[74]
Kallikles kritisiert zwar Sokrates dialogischen Stil, schafft es aber nicht durch einen eigenen formulierten Monolog den Stil des Gesprächs zu beeinflussen. Sokrates gelingt es, dass Kallikles sich seinem Stil anpasst. Jedoch führt er selber am Ende einen Monolog bzw. eine lange Rede (*makros logos*), seiner Meinung nach jedoch nur zuliebe der anderen.

Performanz-Management

Auch wichtig ist die „Darbietung, „Aufführung" und Inszenierungen von Texten", also die Performanz, insbesondere die „nonverbale Komponente".[75]
In Platons *Gorgias* ist dieses Management nicht einsehbar, da es ein Dialog ist, der aus reinem Redetext besteht. Jedoch kann man davon ausgehen, dass Kallikles sich bei seinem Rückzug aus dem Gespräch auch körperlich zurückgezogen hätte.

---

[69] Platon. 505c: „Auch kümmert mich gar nichts von allem, was du sagst".
[70] Ebd. 506c: „mache ein Ende".
[71] Knape. S. 40.
[72] Platon. 504c: „Warum sagst du es nicht selbst, Sokrates?"
[73] Ebd. 495c, 498a.
[74] Knape. S. 42.
[75] Knape. S. 43.

VI. Literaturangabe

Knape, Joachim: Allgemeine Rhetorik. Stuttgart 2000. S. 27-30.

Knape, Joachim: Was ist Rhetorik? Stuttgart 2000.

Knape, Joachim: Rhetorik im Gespräch. Berlin 2009. S. 32-42.

Platon: Gorgias. In: Platon. Werke in acht Bänden. Deutsche Übersetzung von Friedrich Schleiermacher. Hrsg. von Gunther Eigler. Band 2. Darmstadt 1973.

Platon: Gorgias. In: Platon Werke. Übersetzung und Kommentar von Joachim Dalfen. Hrsg. von Ernst Heitsch und Carl Werner Müller. Band VI 3. Göttingen 2004.